Inhalt

Simulation in der Entwicklung, Produktion und Materialwirtschaft

Kernthesen

Beitrag

Fallbeispiele

Weiterführende Literatur

Impressum

GENIOS WirtschaftsWissen Nr. 12/2004 vom 16.12.2004

Simulation in der Entwicklung, Produktion und Materialwirtschaft

I.Zeilhofer-Ficker

Kernthesen

- Noch immer werden die Vorzüge der Simulation hauptsächlich von Großunternehmen genutzt, obwohl mittlerweile viele Simulationstools für KMUs auf dem Markt sind.
- Die Hauptvorteile der Simulation sind die Risikominimierung durch schnelleres und qualitativ hochwertigeres Design von Produkten, Prozessen und Produktionsanlagen, das Optimieren

bestehender Produktionsprozesse sowie die verbesserte Mitarbeiterschulung.
- Moderne Simulationstools unterstützen die komplexe Problemstellung einer ganzheitlichen Betrachtung von Produkten über den gesamten Lebenszyklus hinweg.
- Rechenintensive Simulationsprozesses werden über Computercluster mit einer Vielzahl von parallel arbeitenden Prozessoren durchgeführt.
- Sollen bestehende Systeme an Neuentwicklungen angeschlossen werden, hat sich die Hardware-in-the-Loop-Simulation (HIL) als besonders vorteilhaft herausgestellt.

Beitrag

Simulation ersetzt Trial-and-Error

Erfinder in früheren Zeiten hatten nur eine Möglichkeit herauszufinden, ob eine Idee durchführbar war: sie mussten Tests und Versuche an realen Mustergeräten oder Materialien durchführen. Dieses "Trial-and-Error-Verfahren" war meist sehr zeit- und kostenintensiv und nicht selten waren es erst die Erben eines Erfinders, die von bahnbrechenden Entwicklungen finanziell profitieren konnten. (6)

Erst mit der Entwicklung von Mikrochips und Computern wurde es möglich vorauszuberechnen, ob ein neues Material die erwarteten Eigenschaften vorweisen oder ob eine neue Maschine die vorgegebenen Aufgaben erfüllen würde. Flugsimulatoren sind schon seit vielen Jahren für die Ausbildung von künftigen Flugkapitänen unersetzlich geworden und die Raumfahrt wäre ohne elektronische Modelle und virtuelle Testläufe völlig undenkbar.

Doch auch bei "normalen" Produktentwicklungen steigt der Bedarf an Elektrik und Software stetig an: waren in 1970 nur 10 Prozent Elektronik und Software am Produktentstehungsprozess beteiligt liegt der Anteil heute bereits bei über 60 Prozent. (1)

Die Möglichkeiten der Simulation sind nahezu grenzenlos. Fast alles kann heutzutage virtuell nachgebildet, fast jeder Prozess, jede chemische oder physikalische Reaktion berechnet und dargestellt werden. Die Erkenntnisse, die dadurch gewonnen werden, sind nicht nur schneller verfügbar als diejenigen von Versuchsreihen mit Prototypen, sie sind auch wesentlich kostengünstiger und oft exakter. (2)

Trotzdem ist die Simulation bis heute fast ausschließlich in Großunternehmen im Einsatz. Der Mittelstand ist nach wie vor sehr zögerlich, scheut die Investitionen und befürchtet, teure Spezialisten und Berater einstellen zu müssen. (2)

Einsatzmöglichkeiten und Vorteile von Simulationstechniken

Konstruktion und Entwicklung

Simulation kann gewinnbringend über alle Stufen des Produktlebenszyklus eingesetzt werden. Sobald ein Produktkonzept erarbeitet wurde, kann damit begonnen werden, ein virtuelles Modell bzw. einen virtuellen Prototyp zu erarbeiten. Dieser virtuelle Prototyp kann über verschiedene Simulationsläufe optimiert werden. Parallel dazu wird an der Gestaltung des Produktionsablaufs sowie des Fertigungssystems gearbeitet werden. In der "Digitalen Fabrik" oder der "virtuellen Produktion" werden die notwendigen Maschinen und Anlagen sowie der gesamte Produktions- und Materialflussprozess simuliert und optimiert. (2), (3),

(4), (5), (6)

Jede vorgesehene Änderung kann sofort auf ihre Wirksamkeit überprüft und validiert werden. Das Ergebnis sind nicht nur wesentlich verkürzte Produktentwicklungs- und Fertigungsplanungszeiten, sondern auch qualitativ hochwertigere Produkte und Prozesse von Anfang an. Kosten- und zeitintensive Nachbesserungen und Änderungen werden vermieden, teure Prototypen eingespart. Schätzungen gehen davon aus, dass die jährlichen Investitionskosten für Simulationswerkzeuge mindestens einen fünffachen Kapitalrückfluss durch Kosten- und Zeiteinsparungen bewirken. (2), (5), (6)

Besonders rechenintensive Simulationen sind mit einfachen Computern nicht ausreichend schnell durchzuführen. Solche Simulationsprogramme laufen daher über Computercluster, dem Zusammenschluss von mehreren Hochleistungsprozessoren, die die Berechnungen parallel ausführen und dadurch zu einem schneller verfügbaren Ergebnis gelangen. (13), (14)

Prozessoptimierung

Simulation ist aber auch für den laufenden

Fabrikbetrieb von großem Nutzen. Durch die virtuelle Abbildung von bestehenden Prozessen können Schwachstellen und Engpässe identifiziert und entsprechende Verbesserungsvorschläge durchgetestet werden. Dies gilt natürlich nicht nur für Produktionsprozesse. Auch das Zusammenspiel von Lieferketten und die unterschiedlichsten Logistikaufgaben können simuliert und optimiert werden. Die optimale Auftragsbearbeitung kann über ein Simulationstool festgestellt und Kosten-Nutzen-Analysen errechnet werden. (7), (8), (9), (10)

Die produktionsbegleitende Simulation hat den wesentlichen Vorteil, dass die realen Prozesse durch die Simulation nicht gestört und keine kostbaren Produktionszeiten abgezogen werden. Durch die Simulation kann das Risiko die vorgeschlagene Verbesserung könnte in der Praxis nicht oder nicht richtig funktionieren weitestgehend ausgeschlossen werden. Fehlinvestitionen werden vermieden und dem Führungspersonal werden stichhaltige Argumente für oder gegen eine Investitionsentscheidung an die Hand gegeben. (8)

Für die Prozessoptimierung oder geplante Aufrüstungen von Produktionsanlagen hat sich die Einbindung von realen Hardwarekomponenten wie Steuerungen in Simulationsläufe als vorteilhaft erwiesen. Durch diese Hardware-in-the-Loop (HIL-)

Simulationen kann man sich die Simulation von Hardwarekomponenten sparen und noch "realere" Simulationsergebnisse erreichen. (11), (12)

Mitarbeiterschulung

Oft stoßen Neuerungen wie verbesserte Anlagen oder rationellere Prozesse bei den Mitarbeitern auf Widerstand. Die Implementierung und optimale Nutzung wird dadurch behindert und der Investitionsrücklauf beginnt verzögert. Simulationen können auch hier helfen. Werden die betroffenen Mitarbeiter schon früh in der Projektentwicklung mit der Funktion und dem Ablauf durch die Simulation vertraut gemacht, entfällt die anfängliche Scheu bei der tatsächlichen Implementierung. Trainingsläufe am Simulator verursachen keinen Schaden, wenn der Mitarbeiter einen Bedienungsfehler macht. Deshalb nutzt die Pilotenausbildung Simulatoren schon seit Langem und mit großem Erfolg. Aber auch für die Bedienung einfacher Produktionsmaschinen ist es von Vorteil, wenn der Mitarbeiter schon vor dem realen Einsatz weiß, wie sie zu bedienen ist und worauf man besser achten sollte. (5), (11)

Fallbeispiele

Viele Informationen zum Thema Simulation in Produktion und Logistik erhalten Interessierte bei der Arbeitsgemeinschaft Simulation (ASIM). Alle zwei Jahre organisiert die ASIM eine entsprechende Fachtagung, die über neueste Entwicklungen informiert. (16), (www.spl.asim-gi.org)

Eine Entwicklungsumgebung für die virtuelle Simulation auf PC-Basis bietet die Firma Living Solids GmbH. Damit können Simulationen zu Schulungs- und Prüfungszwecken aber auch für die interaktive Reparaturanleitung erstellt werden. (4)

Die schwedische Firma V & S Absolut Spirits hat ihre neue Destillationsanlage für Wodka als virtuelle Fabrik simuliert. Zum Einsatz kam dabei die Aspen Techs Music Simulation und das Prozessmodell von Hysys Dynamics. Der gesamte Destillationsprozess wurde auf der Virtuellen Fabrik simuliert und die Operatoren wurden darauf geschult, noch bevor die Anlage in Betrieb genommen wurde. (5)

Die Hamburger Hafen- und Lagerhaus AG (HHLA) nutzt seit 1999 das Simulations-Werkzeug eM-Plant von Tecnomatix. Die Simulation wird hauptsächlich zur Verbesserung der Logistikprozesse eingesetzt aber auch Machbarkeitsstudien und Personaleinsatzanalysen werden darauf durchgeführt. (8)

Zur Simulation von Supply Chains hat die DaimlerChrysler AG den Supply Net Simulator (SNS) entwickelt. Für diese Aufgabenstellung geeignet ist ebenfalls der Simulator ICON-SimChain von Tecnomatix sowie der SCMSim des Fraunhofer IPA. (10)

Die DSHplus ist eine Simulationssoftware für dynamische fluidtechnische Systeme. Diese Software kann in bestehende Anwendungen integriert werden und HIL-Simulationen durchführen. (12)

636 Prozessoren sind bei Audi zum Computercluster mit 2000 GHz Leistung zusammengeschlossen, um den wachsenden Rechenanforderungen der verschiedensten Simulationen gerecht zu werden. (13)

Speziell für Gießereien bietet die Firma Magmasoft ein Simulationswerkzeug, das ebenfalls mit Clusterknoten arbeitet. (14)

Voll auf die "Digitale Fabrik" setzt die Adam Opel AG. Die komplette technische Einrichtung von Fabriken wird dort am PC geplant. Circa 10 bis 15 Prozent Zeiteinsparung wird dadurch erreicht. Auch bei der Produktentwicklung setzt man voll auf Simulation und virtuelle Entwicklung. Bei der Entwicklung des neuen Astra C konnten dadurch 50 Prozent Änderungskosten und 15 Prozent des Entwicklungsbudgets eingespart werden. (15), (17)

DaimlerChrysler nennt ebenfalls Zahlen: eine Erhöhung der Planungseffizienz um 23 Prozent sowie eine um mehr als zehn Prozent höhere Anlagenauslastung gehen auf den Einsatz der Digitalen Fabrik zurück. (15)

Weiterführende Literatur

(1) Trends im Elektro-Engineering
aus konstruktionspraxis Nr. 10 vom 06.10.2004 Seite 006

(2) Simulation - Verborgene Chancen für den Mittelstand
aus ZWF - Zeitschrift für wirtschaftlichen Fabrikbetrieb, Heft 6/2004, S. 303-305

(3) Systematik der Fertigungsplanung im Kontext virtueller Produktion
aus ZWF - Zeitschrift für wirtschaftlichen Fabrikbetrieb, Heft 6/2004, S. 327-334

(4) Vogel, Harald, Lebendiges CAD - 20.CAT.PRO: Schlüsseltechniken für die virtuelle Fabrik, c't -

Magazin für Computertechnik, 23/2004, S. 40
aus ZWF - Zeitschrift für wirtschaftlichen Fabrikbetrieb, Heft 6/2004, S. 327-334

(5) Absolut lifecycle - A new distillery for vodka benefited from simulation at every stage, from design to operator training
aus Process WorldWide Chemical and Pharmaceutical Engineering Nr. 03 vom 16.08.2004 Seite 038

(6) Abkehr vom "Trial and Error"- Prinzip - Die Vorabsimulation von Halbleiterklammern senkt Kosten und Risiken
aus Elektronik Praxis Sonderheft 07 Elektromachanik II vom 30.09.2004 Seite 078

(7) Interne Impulse zur Optimierung finden Betriebsbegleitende Simulation von indirekten Bereichen zum Aufzeigen der Notwendigkeit zur organisatorischen Anpassung
aus Industrie Management, Nr. 3, 2004, 63-66

(8) Simulation optimiert logistische Steuerungen im Hafen
aus ZWF - Zeitschrift für wirtschaftlichen Fabrikbetrieb, Heft 3/2004, S. 125-127

(9) Knehr, Gerd, Gewinne realisieren, DVZ Deutsche Verkehrszeitung, Nr. 324, 19.10.2004
aus ZWF - Zeitschrift für wirtschaftlichen Fabrikbetrieb, Heft 3/2004, S. 125-127

(10) Simulation von Strategien des Supply Chain Managements
aus PPS Management, Nr. 1, 2004, 44-47

(11) Simulation von Montageanlagen in der Automobilindustrie - Hardware-in-the-Loop-Technologie für den Virtual Ramp-up
aus ZWF - Zeitschrift für wirtschaftlichen Fabrikbetrieb, Heft 1-2/2004, S. 18-21

(12) "Oftmals erstaunliche Ergebnisse" - Simulation dynamischer, fluidtechnischer Systeme verkürzt Entwicklungszeit
aus fluid, Heft 7-8/2004, S. 30-33

(13) Aukst, Jens, IT im Automobilbau/Automobilhersteller testet und entwickelt im Grid - Audi nutzt Linux-Cluster für Simulationen, Computerwoche, 17.09.2004, Nr. 38, S. 41
aus fluid, Heft 7-8/2004, S. 30-33

(14) Neuer Standard beim Gießen - Cluster Technologie: Perfekte Arbeitsumgebung für Simulationen
aus ke - konstruktion + engineering, Heft 9/2004, S. 66-67

(15) Vom Expertenkreis zum Managementzirkel
aus Automobil Produktion, Heft 4/2004, S. 36-38

(16) Verbessertes Messing für den Gussbereich

aus MM MaschinenMarkt Nr. 36 vom 04.09.2006 Seite 124

(17) Das Fitnessprogramm für die Opel-Fabriken aus Frankfurter Allgemeine Zeitung, 16.11.2004, Nr. 268, S. 20

Impressum

Simulation in der Entwicklung, Produktion und Materialwirtschaft

Bibliografische Information der deutschen Nationalbibliothek

Die Deutsche Nationalbibliothek verzeichnet diese Publikation in der deutschen Nationalbibliografie; detaillierte bibliografische Daten sind im Internet über http://dnb.d-nb.de abrufbar.

ISBN: 978-3-7379-1041-5

© 2015 GBI-Genios Deutsche Wirtschaftsdatenbank GmbH, Freischützstraße 96, 81927 München, www.genios.de

Alle Rechte vorbehalten. Dieses Werk ist einschließlich aller seiner Teile – z.B. Texte, Tabellen und Grafiken - urheberrechtlich geschützt. Jede Verwertung außerhalb der Grenzen des Urheberrechtsgesetzes bedarf der vorherigen Zustimmung des Verlags. Dies gilt insbesondere auch für auszugsweise Nachdrucke, fotomechanische

Vervielfältigungen (Fotokopie/Mikroskopie), Übersetzungen, Auswertungen durch Datenbanken oder ähnliche Einrichtungen und die Einspeicherung und Verarbeitung in elektronischen Systemen.